LES TRAVAVX D'VLYSSE

DESSEIGNEZ PAR LE SIEVR DE SAINCT MARTIN, DE LA FACON QV'ILS SE VOYENT DANS LA MAISON

Royalle de Fontaine-bleau.

Peints par le Sieur NICOLAS, & Grauez, en cuiure par THEODORE VAN-TVLDEN.

Auec le sujet & l'explication Morale de châque Figure.

A PARIS,

Chez FRANÇOIS L'ANGLOIS, dit Charttes, ruë sainct Iacques, aux Colonnes d'Hercules, proche le Lyon d'Argent.

M. DC. XXXX.

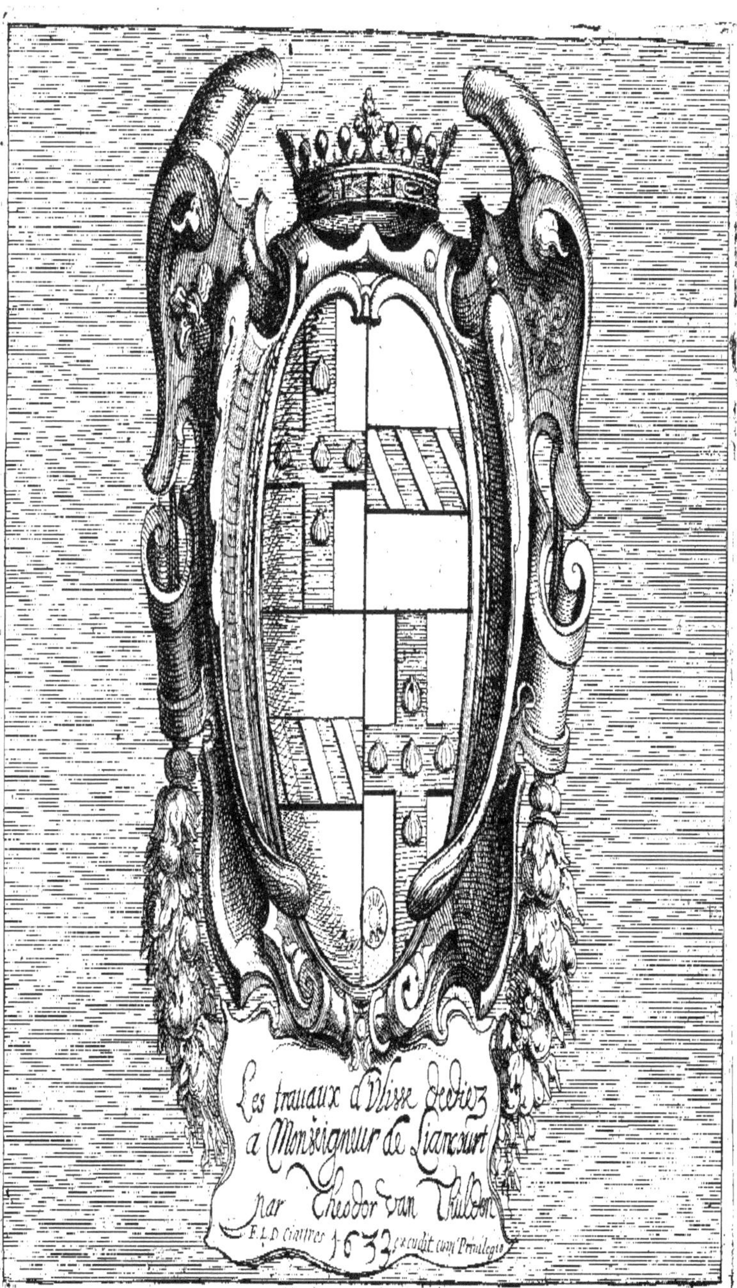

Les trauaux d'Vlisse dediez
a Monseigneur de Liancourt
par Theodor van Thulden
F. L. D. Ciartres 1633 excudit cum Priuilegio

ADVERTISSEMENT.

S'IL faut tenir pour chose certaine, que les beaux objets sont les delices des yeux, soit que la Nature en estale les merueilles, soit que l'Art en imite la perfection; il sera bien difficile, à mon aduis, que ces pieces excellentes n'apportent de la satisfaction à l'esprit, & du plaisir à la veuë. Celuy qui les a grauées ne s'est point proposé pour imitation vn sujet bas & vulgaire, mais vn ouurage heroïque, puis qu'il represente au naturel les plus hautes aduentures qu'on sçauroit iamais imaginer. Le Peintre apres lequel il a trauaillé s'en est acquitté si dignement, qu'à moins qu'estre dépourueu de sens commun; à voir tant de belles choses dans le plus magnifique Palais de nos Roys, il est impossible de n'auoüer pas, Que toutes les merueilles de la Peinture ne sont point en Italie, & que la France en a plusieurs qui ne luy cedent en rien. Tout ce qui peut rendre illustre vn si bel Art, se treuue dans ces Desseins, que l'ingenieux Homere a le premier imaginez dans son Odissée; & qui comprennent ie ne sçay quoy de mysterieux en leurs diuersitez agreables, quelques fabuleuses qu'elles semblent estre. Icy vous verrez des Embrazemens, des Naufrages, des prises de Villes, des Combats par mer & par terre; & quantité d'autres euenemens sanglans & tragiques. Vous y verrez, dis-je, des Scylles, des Carybdes, des Sereines, des Geants, & tels autres Monstres heureusement surmontez par la prudence d'Vlysse; & confesserez, ie m'asseure, que toutes ces inuentions ne sçauroient estre inutiles, puis qu'elles contiennent plusieurs belles Moralitez icy deduites pour l'instruction de la vie.

B

EXPLICATION MORALE,
SVR LES
TRAVAVX D'VLYSSE.

I.

LES Grecs ayant mis à feu & à sang la grande ville de Troye, apres l'auoir assiegée dix ans durant, remontent en leurs vaisseaux, & font des preparatifs pour s'en retourner; Par où l'on peut voir, *Que les Villes semblent auoir leur destin comme les hommes, & qu'encore qu'elles soient le chef-d'œuure d'vne longue paix, si est-ce qu'il ne faut quelquesfois qu'vn stratageme de guerre pour les reduire à neant.*

I I.

APRES l'heureux succés de son entreprise, Vlysse en rend des actions de graces aux Dieux, & leur sacrifie pour son retour; Bel exemple à vn General d'Armée, qui est aduisé par là; *Que de toutes les entreprises qu'il fait, & de celles qu'il a glorieusement executées, il en doit au Ciel vne religieuse reconnoissance.*

I I I.

VLYSSE s'estant embarqué auec ses gens, espreuue sur la mer la colere de Neptune, qui par l'horrible meslange qu'il fait dés vents & des vagues, expose sa flotte à la violence de la tempeste, & l'aduertit par ce changement inopiné, *Que les grands desseins ne sont iamais sans obstacles, qui toutesfois ne peuuent vaincre ceux qui les sçauent preuoir, & les combattre par leur constance.*

I V.

VLYSSE pille la ville des Cicioniens, & par la sanglante défaite de plusieurs de ses compagnons, qui demeurent sur la place, il espreuue à son dommage, *Qu'il est dangereux d'attaquer autruy chez soy, ou du moins de iouyr d'vne entiere victoire en combattant, & ne sentir pas, Qu'Hercule ne peut rien contre deux, & qu'il faut que la moindre force cede à la plus grande.*

V.

APRES vne tempeste de neuf iours, Vlysse est ietté en la coste des Lotophages; afin de sçauoir quelles gens c'estoient, il enuoye à terre quelques-vns de ses compagnons, *Qui n'ont pas plustost gousté des fruicts de cette contrée, qu'ils oublient celle de leur naissance.* Mais la iuste seuerité de leur Chef les remet enfin dans le deuoir, & les contraint de retourner aux vaisseaux; Ce qui nous apprend, *Qu'vn braue courage doit tousiours agir de bonne façon, & chastier la molesse de ceux qui le suiuent.*

C

V I.

Vlysse abordé en l'Isle des Cyclopes, y treuue vne fontaine d'eau douce, & quantité de Chevres sauuages, à la chasse desquelles il enuoye ses compagnons; Ce qui sert d'vn tesmoignage bien éuident, *Qu'aux pays les moins connus, c'est où l'esprit trauaille le plus à la conseruation du corps, & à luy chercher dequoy le faire agir.*

V I I.

L'HEVREVSE arriuée d'Agamemnon en son pays, dont il baise la terre, auec vne incroyable allegresse des siens, doit suffire à mon aduis pour faire aduoüer, *Que le lieu de nostre naissance est à nos yeux le plus agreable de tous les objets, à l'esgal duquel les autres beautez, quelques grandes qu'elles soient, nous semblent difformes.*

V I I I.

De ce festin tumultueux & funeste, où Agamemnon est tué par Egiste, & Cassandre par Clytemnestre, il s'en peut tirer cette consequence; *Qu'il est difficile de preuenir les embusches des Ames perfides; & que les Ennemis découuerts sont bien moins à craindre que les faux Amis, qui respandent nostre sang parmy le vin qu'ils boiuent à nous.*

I X.

Vlysse aborde la demeure de Polipheme, & met pied à terre auec quelques-vns de ses compagnons, pour tascher d'apprendre quels sentimens auoient des Dieux les habitans de cette Isle, & quel traittement ils souloient faire à leurs hostes; Bel exemple aux Nauigateurs bien aduisez, *De ne se croire iamais en seureté dans vn pays estranger, si l'humeur brutale de ceux qui l'habitent en a banny la Religion, & l'Hospitalité.*

X.

Povr se preualoir de la ruze contre la violence, & se venger des barbaries de Polipheme, Vlysse luy creue l'œil, apres l'auoir ennyuré. Ce qui monstre assez, *Que l'homme se picque inutilement, ou de courage, ou de force, si l'excez du vin luy oste l'usage de la raison, & s'il n'a la moderation requise à la conduite de sa vie.*

X I.

Par vne ingenieuse soupplesse d'esprit, Vlysse & ses gens sortent de captiuité, s'estans liez l'vn l'autre sous les moutons de leur cruel hoste. Il se voit par là combien est veritable ce commun dire, *Que l'inuention est la creature de la Necessité, & que la Nature a cette coustume, de resueiller les sens les plus assoupis, pour leur faire appliquer les derniers remedes aux derniers maux.*

X I I.

Polipheme maudit Vlysse & ses compagnons, pour le desplaisir qu'il a de leur sortie, & iette apres eux vne masse de rocher. Par où il nous est declaré, *Que le Ciel punit tousiours la supercherie des Ames lasches, Qu'il y a de la brutalité dans tous leurs efforts contre les gens de bien, & que les iniures iointes aux blasphemes, sont les dernieres armes que la colere leur met en main.*

X I I I.

Vlysse aborde en Eolie, & s'y raffreschit durant quelque temps, apres lequel Eole Roy de cette Isle le remet dans son nauire, & luy fait present d'vn cuir de bœuf, où il enferme les vents. *Cette fable est vn exemple de la generosité des grands Princes, qui ne peuuent faire d'auantage pour leurs semblables, que de leur donner liberalement les choses qui dependent de leur Empire.*

X I V.

Vlysse & ses compagnons s'estant remis sur la mer, nauigent dans vn grand calme à la faueur des Zephirs, qui enflent les voiles de leurs vaisseaux. Par où il nous est monstré, *Que dans la reuolution des choses du monde, la Fortune n'est pas tousiours si rigou-reuse, qu'à la fin elle ne s'adoucisse, & ne change ses disgraces en prosperitez.*

X V.

Vlysse & ses compagnons s'estant remis sur la mer, nauigent dans vn grand calme à la faueur des Zephirs, qui enflent les voiles de leurs vaisseaux. Par où il nous est monstré, *Que dans la reuolution des choses du monde, la Fortune n'est pas tousiours si rigou-reuse, qu'à la fin elle ne s'adoucisse, & ne change ses disgraces en prosperitez.*

X V I.

Deplorables effets de la tourmente, aduenuë par l'imprudence des compagnons d'Vlysse, qui durant qu'il dormoit fu-rent si mal-aduisez que d'ouurir le sac de cuir où estoient enfermez les vents; Bel exemple, ce me semble, pour confirmer la verité de ce commun dire, *Qu'il se faut tenir au bien que l'on a, sans s'opposer aux conseils de ceux qui nous l'ont fait, & qu'vne trop grande curiosité tourne tousiours à la ruine de ceux qui en sont les autheurs.*

X V I I.

Vlysse arriue au pays des Lestrigons, le Roy desquels, qu'on nommoit Antiphates, luy mange deux de ses gens; Ce qui sert de preuue, *Que les grands hommes ont beaucoup à souffrir en voyant le monde, & qu'ils ne doiuent iamais attendre des Tyrans que des actions de barbarie & d'infidelité.*

X V I I I.

Apres vn danger extréme Vlysse prend terre en la contrée des Æiens, où estoit la demeure de Circé fille du Soleil; Ce qui me semble estre vne figure de la vie de l'homme, *Où comme en vn confus labyrinthe, au sortir d'vn mal l'on entre dans l'autre, & ce qu'on appelle douceur est bien souuent amertume.*

X I X.

Qvelqves pernicieux que soient les enchantemens de Circé, Vlysse s'en garantit par le conseil de Mercure; & s'aydant de la racine de Molly, pouruoit à sa deliurance & à celle de ses compagnons. Il est declaré par là, *Qu'en quelque danger que soient les hommes, ils s'en peuuent tirer aisément, quand ils suiuent les inspirations du Ciel, d'où leur viennent de salutaires remedes, lors qu'ils y pensent le moins.*

X X.

Vlysse ayant demeuré vn an au Palais de Circé prend congé d'elle, qui luy donne des Boucs noirs pour les sacrifier aux esprits dans le Royaume de Pluton, où il se prepare d'aller. Cela veut dire; *Que les voluptez pour charmantes quelles soient, abou-tissent à la fin à vn euenement tragique & funeste.*

D

XXI.

Suivant le conseil de Circé, Vlysse se resout à vne triste nauigation, & prend terre pour descendre aux Enfers; Dequoy l'on tire cette instruction, *Que les grands Heros entreprennent tout, & qu'ils se hazardent aux choses les plus difficiles, pour en tirer de la gloire.*

XXII.

Vlysse fait tuer les Boucs noirs, pour les sacrifier à Pluton, & empesche les ombres des morts d'en boire le sang, iusques à ce que le Prophete Tyresias en ait gousté le premier, C'est vne secrette Theologie qui monstre; *Qu'il faut touhours ceder aux mysteres de la Religion, & se tenir à ce que nos Peres en ont creu, sans penetrer trop auant.*

XXIII.

Tyresias ayant beu du sang des victimes, instruict Vlysse sur ce qu'il doit faire pour son retour, comme si par ces aduis il luy vouloit declarer; *Que ce n'est pas tout de s'engager dans les grandes entreprises; mais qu'il faut penser aux moyens de s'en tirer honorablement.*

XXIV.

Vlysse estant aux Enfers s'entretient auec Hercule, & voit quantité de choses qui l'esmeuuent à pitié; Par où se demonstre, *Que c'est dans les lieux d'horreur & de peine, où les grands courages sont le plus touchez de la misere d'autruy.*

XXV.

A son retour des Enfers Vlysse va reuoir Circé, à laquelle il dit adieu, ayant premierement dressé vn bucher, pour y brusler le corps d'Elpenor. Cet exemple de reconnoissance nous apprend, *A n'estre iamais ingrats, & à rendre les derniers deuoirs à la memoire de ceux que nous auons connus, & cheris durant leur vie.*

XXVI.

Vlysse passe le destroit de Scylle & de Carybde, où six de ses gens sont deuorez par des Dragons; puis se fait lier au masts du nauire, afin d'éuiter les charmes des Sereines. C'est vn tesmoignage, *Que les dangers sont touhours presens, où les entreprises se treuuent grandes, & qu'il faut que le corps se gesne soy-mesme pour vaincre les voluptez, & les autres passions de l'ame.*

XXVII.

Tandis qu'Vlysse dormoit, ses compagnons pressez par la fin tuent les bœufs du Soleil, & pour punition de ceste offence, ils font tous naufrage, luy seul reserué. Cela verifie assez, *Qu'il n'y a point de consideration assez forte contre la necessité; Ce qui n'empesche pas toutesfois que ceux à qui elle fait violer les choses sacrées n'en reçoiuent le chastiment.*

XXVIII.

Vlysse est ietté dans l'Isle d'Ogigie, où l'amour de la Deesse Calypse le retient huict ans durant. Mais en fin à la priere de Minerue, Iupiter luy enuoye Mercure, qui luy fait commandement de n'amuser pas dauantage ce Prince Grec: de sorte qu'estant contrainte de le laisser aller, elle met ordre à son partement, & luy fait faire vn nauire. Il ne faut point de meilleur exemple

exemple que celuy-cy, pour preuuer bien aisément, *Qu'Amour est la plus violente de toutes les passions; & qu'ayant gagné le cœur, elle y regne quelquesfois auec tant de tyrannie, qu'il est impossible d'en secouër le ioug, sans vne particuliere grace du Ciel.*

XXIX.

Vlysse prend congé d'Alcinous, Roy des Pheaciens, il se met sur mer pour retourner en Ithaque. Il se voit par là, *Qu'apres toutes sortes d'auentures, que les hommes ont couruës en voyageant chez les Estrangers, leur plus violent desir aspire sans cesse à leur patrie, comme la pierre d'aimant se tourne tousiours du costé du Nord.*

XXX.

Des Pheaciennes accompagnent Vlysse en son pays, où elles le posent doucement, tout endormy qu'il estoit. Ces courtoises Dames sont le vray symbole des Vertus; *Qui apres la mort (que les plus Contemplatifs ont comparée au sommeil) nous rauissent insensiblement au Ciel, d'où nous tirons nostre origine.*

XXXI.

Apparition de Minerue à Vlysse, qui est asseuré par elle-mesme qu'il est abordé au lieu de sa naissance. Ce qui nous aduise; *Que les hommes extraordinaires ne sont iamais sans vn Genie particulier qui veille sur eux, & qui prend le soing de leur conduite.*

XXXII.

Minerve apparoist derechef à Vlysse, sous la forme de son fils Telemachus, & nous aduertit par ce moyen, *Que la sagesse n'est iamais si bien placée, que lors qu'elle se rencontre auec la Prudence, qui estoit la principale vertu de ce Prince Grec.*

XXXIII.

Vlysse sonde la volonté qu'auoit pour luy son Porcher Eumée, auquel finalement il se fait connoistre. De cecy se forme ceste maxime, *Que les Grands ne sont pas à blasmer d'auoir pour suspecte la fidelité de leurs domestiques, quand ils ne l'ont pas encore esprouuée.*

XXXIV.

Vlysse accompagné d'Eumée, & pauurement habillé, s'achemine en sa maison, où son chien Argus le reconnoist. Apres cet exemple, il ne faut plus mettre en doute, *Que les animaux n'ayent vn certain instinct, qui les rend quelquesfois plus ardens, que les hommes mesme, à reconnoistre leurs bien-facteurs.*

XXXV.

Vlysse arriue en sa maison, & y reçoit l'aumosne à la porte, de la main d'vne seruante; Changement fascheux, à dire vray, mais qui tesmoigne; *Qu'vn esprit habile à tout est ingenieux à se desguiser quand il le faut, & que rien ne luy semble estrange, lors qu'il a quelque entreprise à executer.*

XXXVI.

Vlysse est traitté en gueux par ceux qui mangeoient son bien, & qui recherchoient sa femme Penelope; D'où il faut inferer necessairement, *Que le mespris qu'on fait d'vn homme heroïque, ne luy oste iamais les bonnes qualitez que la naissance luy a données.*

E

XXXVII.

Vn mendiant, qu'on appelloit Irus, s'estant voulu iouër à Vlysse est par luy battu à outrance , & traisné deuant la porte de sa maison. Cecy preuue fort bien, ce me semble, *Que ce n'est pas à des gens de neant à s'attaquer à des personnes de condition, & qu'il ne faut point toucher vn Lion, quelque endormy qu'il paroisse.*

XXXVIII.

Minerve donne conseil à Vlysse de bander l'arc, lors que Penelope le presenteroit à ceux qui la recherchoient. Cela signifie, *Que les puissances celestes inspirent aux gens de bien de profitables aduis pour les tirer hors de peine.*

XXXIX.

Vlysse bande l'arc du premier coup, & tire vne fleche, qu'il fait passer adroitement dans toutes les boucles qu'on auoit plantées. Ce qui monstre assez, *Que les choses qu'on estime les plus malaisées, ne le font pas, lors que pour les surmonter l'on joint comme il faut la force à l'adresse.*

X L.

Vlysse se donne à connoistre aux Amans de Penelope, & tuë Antinous comme il beuuoit. Par où nous sommes aduertis, *Qu'apres vne longue patience, il y a de la iustice à chastier la temerité de ceux qui nous offencent iniustement.*

X L I.

Vlysse s'estant fait armer, poursuit ses ennemis domestiques, accompagné de Telemachus, d'Eumée & de Philexius. C'est vne preuue, *Qu'vn homme de courage, qui s'est vne fois declaré contre ceux qui l'ont offencé, n'en doit point faire le chastiment à demy , & que l'impunité ne sert d'ordinaire qu'à rendre les traistres plus factieux , & plus insolens.*

X L I I.

Apres auoir mis à mort les poursuiuans de Penelope, Vlysse fait venir ses femmes, qui la ruinoient sous pretexte de la seruir, & ordonne de la punition qui leur estoit deuë. Ce qui nous apprend, *Qu'vn Prince qui veut faire regner la Iustice dans son pays, la doit commencer par ses domestiques , quand ils luy sont infidelles.*

X L I I I.

Vlysse se laue les mains, ayant fait pendre douze seruantes , & cette action donne de l'estonnement à ceux qui la considerent. Par où nous voyons, *Que ce n'est point seuerité d'executer ce qui est iuste, ny de conseruer le droict des Innocens par la punition des coulpables.*

X L I V.

Evriclee nourrice d'Vlysse, aduertit Penelope du retour du Prince son Maistre, les domestiques duquel le viennent tous salüer, & nous apprennent par leur exemple ; *Que le contentement des vrays seruiteurs d'vne maison ne s'entretient que par la presence de leur Maistre.*

X L V.

Effect particulier de la puissance de Minerue, qui en vn instant rend Vlysse agreable aux yeux de sa femme. C'est vn aduertissement aux personnes mariées, *Que le Ciel s'arme tousiours pour leur deffense, quand leur amour est legitime & fidelle.*

XLVI.

PENELOPE saute au col de son mary, & par son action luy donne de visibles demonstrations de sa ioye & de son amour; Marque euident, *Qu'il n'est non plus possible à vne vraye amitié de n'esclatter pas, qu'à vn grand feu de demeurer caché sous la cendre.*

XLVII.

L'ON mene coucher Vlysse & Penelope, qui sont rauis d'aise de se reuoir apres vne longue separation. La felicité de ces Amans peut faire iuger à leurs semblables; *Que toutes les peines qu'ils ont souffertes se changent en mutuelles delices par le recouurement de la chose aymée.*

XLVIII.

VLYSSE estant au lict auec Penelope, luy fait vn ample recit de ses aduentures; & son propre exemple luy donne à connoistre, *Qu'il y a du plaisir à s'entretenir de la tempeste quand on se void dans le calme.*

XLIX.

DES inquietudes de Penelope, causées par l'extréme apprehension qu'elle a qu'Vlysse ne soit pas son mary. Il s'ensuit manifestement, *Qu'vne veritable amour, n'est iamais sans deffiance, ny sans quelque crainte.*

L.

APPARITION de Minerue à Penelope, qu'elle asseure qu'Vlysse est tel qu'il se dit estre : Et par consequent, *Qu'il est impossible que la fourberie & l'imposture trouuent à se loger dedans vne ame heroïque.*

LI.

VLYSSE sort de la ville, pour s'en aller voir son pere Laertes. Ce qu'il fait à la faueur de Minerue, qui l'enuelope d'vn nuage; & auecque luy Telemachus, Eumée & Philexius. Par où nous est enseigné, *Qu'en vain nous trauaillons pour la gloire, si l'ayant acquise nous n'en tesmoignons la reconnoissance à ceux qui en sont la cause, pour nous auoir mis au monde.*

LII.

VLYSSE donne ses armes à Eumée, & l'enuoye deuant pour apprester à disner, tandis qu'il s'en va treuuer son Pere. Cela signifie, *Qu'vn Chef prudent peut difficilement estre pris au despourueu, puis qu'il ne fait iamais rien, sans y apporter ponctuellement la preuoyance requise.*

LIII.

VLYSSE se fait reconnoistre à son Pere, qui l'entretient de quelques fruicts particuliers de son iardin, & luy remet en memoire, *Que les plaisirs les plus innocens sont ceux qui se prennent à la campagne, loing du tumulte des villes.*

LIV.

LES parens d'Vlysse le viennent saluër chez son Pere, & se resiouyssent de son retour. C'est vn tesmoignage; *Que les amitiez bien fondées se renforcent par la presence de la personne que nous aimons, comme par celle du Soleil, les fleurs & les plantes reprennent vne nouuelle vigueur.*

F

L V.

L'ON enterre les corps de ceux qu'Vlysse auoit tuez, pour venger leurs insolences, & la recherche qu'ils faisoient de Penelope. *Il ne se peut donner vn meilleur exemple que celuy-cy de la generosité d'vn grand Prince, qui n'empesche iamais que l'on ne rende les deuoirs de la sepulture aux ennemis qu'il a deffaits.*

L V I.

LA Commune d'Ithaque se sousleue, pour tirer raison de ceux qu'Vlysse auoit tuez, & s'en va l'attaquer dans la maison de son Pere. *Cet euenement est vn tableau de la foiblesse du menu peuple, à qui la fureur met les armes à la main, par vn effort plus brutal que raisonnable.*

L V I I.

LES Mutinez font la paix à l'aduantage d'Vlysse, contraints à cela par le secours que Minerue luy donne, & par le foudre de Iupiter. *Ce qui monstre, Qu'apres vne grande tourmente suit vn grand calme, & que Dieu sçait abbaisser l'orgueil des Rebelles, qui ne sont iamais si foibles, qu'au temps qu'ils se croyent les plus forts.*

L V I I I.

VLYSSE est reconnu pour Roy d'Ithaque, & ses sujets pacifiez luy rendent hommage. *Par où se confirme ceste verité, Que Dieu, iuste protecteur de la Couronne des Princes, fait tousiours prosperer leurs bons desseins, & rend mal-heureuses les entreprises des Factieux.*

F I N.

F. L. D. Ciartres excu Cum Priuilegio Regis

S.M.

TVI. 6

M. 10.

14

17 TM.

.M. 19

TM
20

M 22

M. 14

31
IVI

32
IV

33

TVT 34

TVT 37

TVT 39

40

41 MT

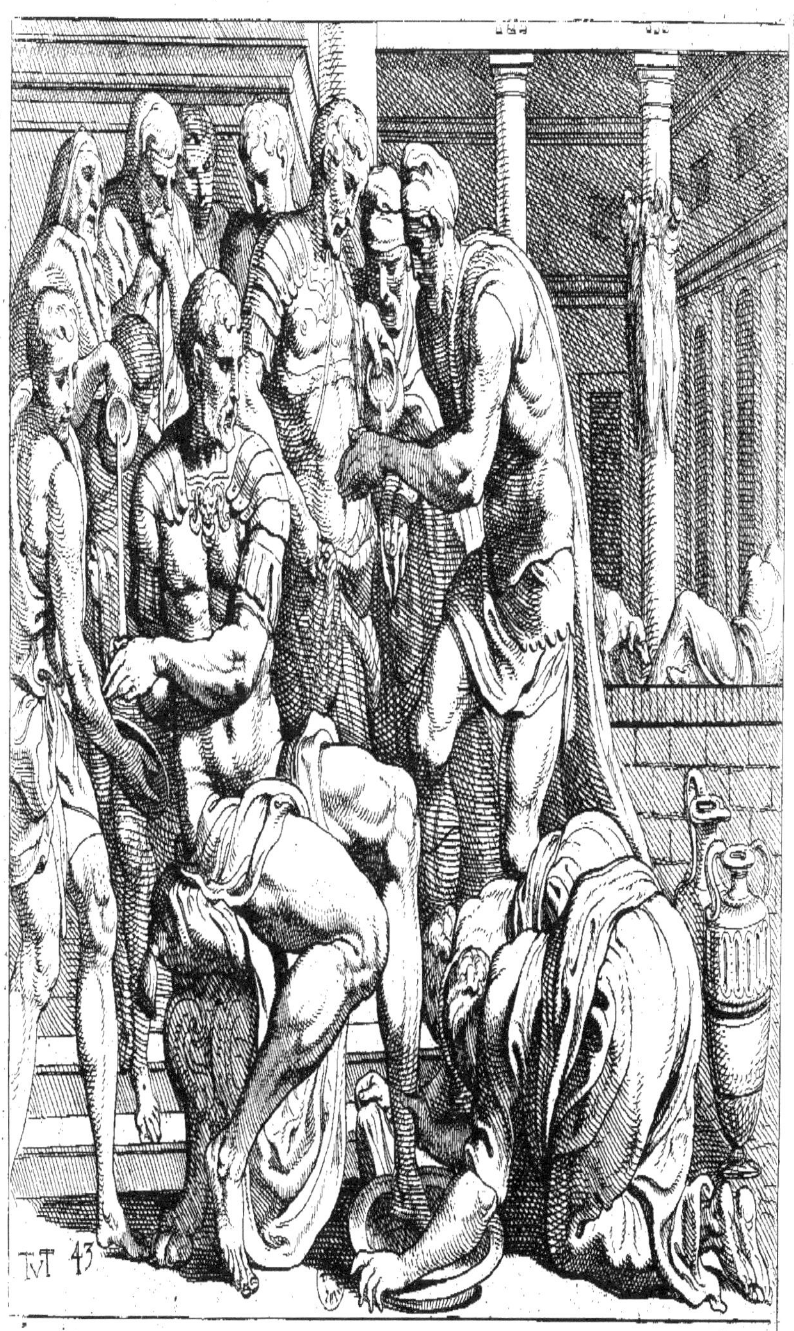

TVT 44.

.45. TVT

TV

M 47

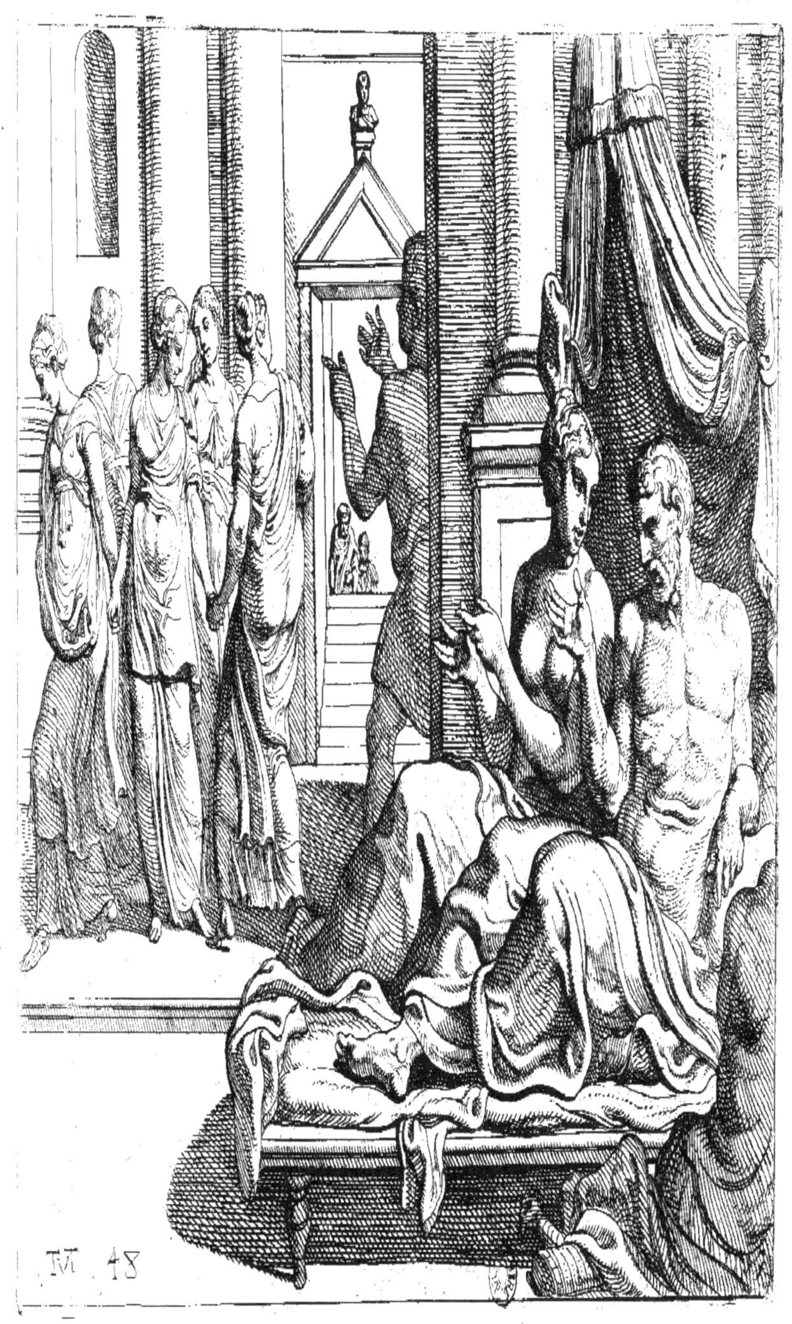
M. 48

50

53

54

57. M.

58